LE PARTERRE

JUSTIFIÉ,

OU

PRÉCIS HISTORIQUE.

Par E. M. L.

A LONDRES;

Et se trouve, à Paris, chez tous les Marchands de Nouveautés.

1788.

LE PARTERRE

JUSTIFIÉ,

OU

PRÉCIS HISTORIQUE.

Par E. M. L.

A LONDRES;

Et se trouve, à Paris, chez tous les
Marchands de Nouveautés.

1788.

LE PARTERRE

JUSTIFIÉ,

OU PRÉCIS HISTORIQUE,

Et Réflexions sur la Représentation du 26 Décembre 1787.

JE crois devoir rendre compte au Public de ce qui s'est passé à la Représentation du 26. Les faits rapportés simplement & fidèlement, suffiront, d'une part, à prouver le tort des Comédiens Italiens ; & de l'autre, à justifier le Parterre.

Le Prisonnier Anglais s'étoit traîné jusqu'au troisième acte : l'estime qu'inspire les talens de l'Auteur de la Musique, avoit donné au Public le desir de laisser finir cette Pièce ; malgré toute sa bonne volonté, les contre-tems s'accumulant pour amener le dénouement, il a témoigné son mécontentement par des huées si fortes, que les Acteurs ont été obligés de se retirer. Il n'étoit que sept heures & demie lorsqu'on a baissé la toile ; le tems de la durée du Spectacle n'étant

A ij

pas rempli, le Parterre demanda, & avoit le droit de demander, une autre Pièce; mais les Comédiens n'avoient pas celui de le faire attendre une demi-heure, sans lui répondre. M. Thomaffin eft venu à la fin s'informer de ce qu'il vouloit. — Un Opéra comique. — Les Muficiens viennent de partir. — Une Comédie. — Laquelle ? — *Les Etourdis* — On va vous les donner. L'on attendit patiemment pendant une heure, croyant que les Acteurs l'employoit à s'habiller. Au bout de ce tems, Thomaffin reparoît encore ; il dit : Meffieurs, nous fommes bien fâchés de ne pas pouvoir vous donner *les Etourdis* ; il manque deux Acteurs, qu'on a fait chercher inutilement ; nous allons vous donner à la place *la Servante Maîtreffe*... Non, non. Malgré ce non général, on a levé la toile, & Mlle Renaud a paru dans le rôle de Zerbine : l'amitié du Public pour cette étonnante Actrice, s'eft manifeftée par des applaudiffemens réité-rés ; & fon indignation contre *Chenard*, (1) par un orage dirigé contre lui : Mlle Renaud,

---

(1 On prétend que lorfque le Parterre a demandé les Etourdis, le fieur Chenard, qui étoit dans les couliffes, a eu l'air de le narguer ; fi cela n'eft pas, il eft d'autant plus à plaindre, que la plus grande partie du Public en eft perfuadé ; fi cela eft, il eft bien coupable.

effrayée , étoit prête à se trouver mal ; l'intérêt
qu'elle inspiroit auroit suffi pour décider le
Parterre à l'écouter ; elle alloit chanter , &
tout le monde se seroit tu pour l'entendre.....
Mais tout-à-coup l'on vit entrer par les deux
côtés du Parterre une cinquantaine de Gardes-
Françaises : ce despotisme militaire indigna ;
chacun s'écria : Il est affreux de penser, que
l'on veut forcer d'écouter une Pièce la bayonnette sur la gorge. Non , jamais...... Le train
redouble ; les Gardes-Françaises partagerent le
Parterre en deux parties, & pousserent devant
eux les gens qui le composoit , comme des
Bouchers font sortir de la Bergerie les troupeaux
qu'ils veulent égorger : en moins de cinq minutes,
il n'y resta plus personne. Ah ! le bon peuple !
il paye tout ; il souffre tout , & ne jouit de
rien.

Les gens du parquet crierent : Nous ne sortirons pas : ceux des loges répetent ; nous ne
sortirons pas. Les Gardes-Françaises se mirent
en bataille dans le Parterre , en faisant face
à l'amphitéâtre. L'on cria : A bas les Gardes ;
& les Gardes se retirerent..... Tous les gens du
Parterre avoient reflué dans les loges & dans
les corridors. Le bruit recommença plus fort que
jamais..... Mlle Gontier, qui étoit sur le Théâtre,

A iij

foit frayeur , foit par un mouvement de bon cœur , fe jetta à genoux ; elle fit entendre par fes geftes, qu'elle demandoit pardon pour tous fes camarades..... on l'applaudit beaucoup , & l'on cria : tous autant..... Le bruit étant un peu calmé , une des perfonnes du parquet éleva la voix, & dit : Meffieurs , la conduite des Comédiens envers le Public, eft injurieufe ; la réparation que nous devons exiger d'eux, eft de les obliger à donner une Repréfentation au profit des Pauvres......... *Bravo , bravo* : cette idée applaudie, & adoptée généralement, fut accompagnée du mot, *réponfe*. Rofiere vint affurer le Public que cela ne dépendoit pas d'eux. — Il le faut..... Il revint peu de tems après dire : Si quelques - uns de mes camarades ont eu le malheur de vous déplaire, je vous en demande excufe pour eux. — La Repréfentation. — J'ai déjà eu l'honneur de vous repréfenter que cela ne dépendoit pas de nous. On a baiffé la toile : le Public continua toujours à demander la Repréfentation.... Voyant qu'il n'étoit pas écouté, & qu'on avoit réfolu de le laiffer crier inutilement, plufieurs perfonnes du parquet fe précipiterent fur l'avant-fcène, & firent femblant de vouloir déchirer la toile ; alors on la leva..... Tout le théâtre étoit rempli de monde. Petit à petit l'ennui & la fatigue d'avoir crié ayant gagné, chacun se retira : cette représentation, où le bruit avoit commencé à sept heures & demie, se termina à onze heures passées. Il est évident, d'après ce que je viens de rapporter, que les Comédiens ont eu le premier tort. Pourquoi font-ils attendre le Public une demi-heure avant de lui répondre ? Ne dépendent-ils pas de lui ? Ne font-ils pas payés par lui ? Si l'on avoit assez de caractere pour être trois mois sans aller à la Comédie Italienne, ils seroient bien convaincus qu'ils doivent être aux ordres de ceux qui les payent. M. Thomassin, après avoir annoncé au Public qu'on ne peut pas lui donner un Opéra comique, parce qu'il ne reste plus de Musiciens, revient une heure après lui ordonner, pour ainsi dire, d'écouter *la Servante Maîtresse :* n'est-ce pas l'insulter, que d'imaginer de le soumettre à la volonté des Acteurs ? Le Public leur auroit pardonné cette offense ; l'auroit-il peut-être même oublié, en faveur de Mlle Renaud ; toutes les bouches se feroient fermées, lorsqu'elle auroit ouvert la sienne, si l'on n'eût pas voulu le forcer, la bayonnette au bout du fusil, à écouter *la Servante Maîtresse.* De quel droit le Commandant de la Garde a-t-il pu donner un ordre semblable ? N'est-il pas inoui , inimaginable ; que l'on faſſe ſortir de force des gens d'une place qu'ils occupent pour leur argent , par des Soldats qui ſont payés par des hiſtrions pour ſoutenir leur inſolence ? Si ce peuple eût été moins doux ; ſi le ſentiment d'indignation que devoit inſpirer une action auſſi atroce eût pénétré dans toutes les ames , qu'en auroit-il réſulté ? un carnage abominable ; ſi cela n'eſt pas arrivé , c'eſt parce que le Parterre eſt ſans force & ſans courage ; mais le Sergent-Major en eſt-il moins coupable ? Qui peut l'autoriſer à employer la violence , pour faire traîner au Corps-de-garde des hommes qui n'ont aucuns torts ; des hommes qui demandent une choſe juſte , & qui la demandent tous. Depuis long-tems la Police militaire & deſpotique du Régiment des Gardes , révolte le Public ; d'où lui vient ce privilége excluſif d'exercer une Police , ſans être ſoumis à la Juſtice Civile ? Comment , parce qu'un homme ſiffle la Pièce qui lui déplaît , témoigne ſon mécontentement à l'Acteur , il eſt arrêté , pris au collet , conduit au Corps-de-garde , & ſouvent empriſonné ! Comment le Parlement ſouffre-t-il qu'un Citoyen puiſſe être privé de ſa liberté ſans aucunes eſpèces de formes légales ? S'il exiſte des occaſions où il eſt obligé de fermer les yeux fur les abus fans nombre que commet cette police, fous le vain prétexte de veiller à la fûreté publique ; ici au contraire, il doit veiller à ce que le Citoyen ne foit point oppreffé par un joug militaire, & qu'il puiffe du moins avoir recours à lui, s'il eft puni ou maltraité injuftement. Faut-il que nous trouvions par-tout des Bayonnettes, que nos plaifirs foient accompagnés de la crainte ? Les jours où le Parterre n'eft pas plein, on y laiffe entrer tous les foldats qui compofent les Gardes ; on fe croiroit plutôt au milieu d'une Place d'Armes qu'à la Comédie ; pourquoi y font-ils ? C'eft apparemment comme Acteurs qu'ils ont leurs Entrées. En Italie, où il n'y a point de Gardes, les Spectacles y font plus tranquilles qu'à Paris ; quand même ils feroient comme en Angleterre, quels inconvéniens pourroient-ils en réfulter ; les Acteurs feroient ce qui dépendroient d'eux, pour tâcher de plaire au Public, & pour éviter de recevoir des oranges par la tête. Le Petit-Maître, qui, par fon jargon & fon babil, troubleroit le Spectacle, recevroit un oignon qui l'avertiroit de fe taire. La petite-Maîtreffe, aux airs élégans, à la mine pincée, qui, arrivant au milieu du Spectacle, pour fe faire voir, & dont les coëffures trop élevées gêne-

roit les Spectateurs, recevroit la pomme ; fi
fes cheveux en étoient dérangés, fon amour-
propre feroit fatisfait. Ces inconvéniens peuvent-
ils être mis en comparaifon, avec ceux qui ré-
fultent des vexations de cette Police militaire ;
néanmoins, je crois qu'il feroit dangereux de
fuivre totalement l'ufage d'Angleterre ; il pour-
roit en réfulter à Paris des chofes beaucoup
plus fâcheufes qu'à Londres. Dans un pays où
la liberté eft totalement inconnue, où le mot
ne s'y conferve que par tradition, elle pour-
roit facilement dégénérer en licence. Puifque
la Police y eft néceffaire pour le maintien du
bon ordre, je demande pourquoi elle n'eft
pas foumife à la Juftice Civile, comme celle
des Petits Spectacles ? du moins fi un homme y
eft arrêté, il eft conduit chez un Commiffaire ;
s'il eft emprifonné, ce n'eft qu'en vertu d'un
Jugement légal. C'eft au Parlement à s'oc-
cuper de la réforme de ces abus, qui touchent
à la confervation du droit des gens ; c'eft lui
qui eft intéreffé à empêcher qu'une partie de
cette Police, qui s'exerce tous les jours, puiffe
échapper à fon autorité, & qui doit affurer la
tranquillité des Citoyens, contre les oppreffions
fans nombre, & les injuftices qui font les ré-
fultats d'une Police militaire, qui n'eft foumife

à aucun Tribunal. Un moyen bien fimple de prévenir cette tyrannie , feroit d'obliger les Comédiens Italiens, à fuivre l'exemple de la Comédie Françaife , & d'avoir un Parterre affis ; il y a long-tems qu'on le demande ; mais un Public qui ne fait pas fe faire craindre, ne peut pas fe faire écouter. C'eft le feul pays au monde , où l'on imagine d'entaffer des hommes comme des harangs , où l'on donne plus de billets qu'il n'y a de places ; quel eft celui dont le caractère eft affez pacifique , pour ne pas prendre d'humeur , lorfqu'il fe trouve auffi mal à l'aife. On rifque , non-feulement, fa fanté, fa liberté , & même fa vie, lorfqu'on eft dans ce gouffre ; mais l'on s'expofe encore davantage pour y parvenir : ce n'eft qu'à force de coups de poings donnés & reçus , qu'on arrive à pouvoir préfenter fa main à ce mifé-rable petit guichet , pour avoir un billet : du moins, dans ces grandes occafions où l'on jette au Peuple une très - petite partie de l'argent qu'on lui a pris, on le voit s'accumuler , fe preffer , fe renverfer , pour ramaffer cet argent ; ici, c'eft pour porter le fien. (1)

---

(1) Un Sergent aux Gardes imagina , il y a quelques années, de mettre devant l'arcade du Bureau quatre Gre-

Pour éviter la foule, pourquoi les Bureaux ne font-ils pas ouverts depuis dix heures du matin ? Cela donneroit un peu plus de peine à Meſſieurs les Buraliſtes, j'en conviens ; mais cela ne coûteroit rien de plus aux Comédiens. S'il faut qu'il y ait toujours des Soldats partout, ils peuvent, pour leur argent, faire venir Meſſieurs les Gardes - Françaiſes un peu plus matin : il eſt incroyable que ces abus choquans, & qui renaiſſent tous les jours, ne ſoient pas détruits. Meſſieurs les Gentilshommes de la Chambre, qui exercent, on ne ſait pas pourquoi, un pouvoir deſpotique ſur les Comédiens, devroient s'en ſervir pour les obliger à y remédier, plutôt que de l'employer à les forcer à recevoir parmi eux les petits talens qu'ils protegent.

---

nadiers qui tenoient un bâton ; ils le levoient pour laiſſer entrer une certaine quantité de perſonnes ; ils le baiſſoient enſuite, & froiſſoient les reins de ceux qui ſe trouvoient entre les élus & les appellés. Je m'étonne qu'on puiſſe imaginer une ſemblable invention ; mais je m'étonne encore bien plus qu'on puiſſe l'exécuter.

F I N.